W0334088

Sich selbst bejahen

Uwe Böschemeyer

Sich selbst bejahen

Ellert & Richter Verlag

Impressum

Bildnachweis
Jörg Axel Fischer, Hannover: S. 45
Urs Kluyver, Hamburg: S. 38/39
Andreas Riedmiller, Oberzollhaus: S. 19, 21, 24/25, 27, 29, 31, 34/35, 47, 49, 52/53
Otto Stadler, Geisenhausen: S. 7, 9, 16/17
Heinz Teufel, Eckernförde: Titel, S. 12/13, 42/43

Die Deutsche Bibliothek – CIP-Einheitsaufnahme

Böschemeyer, Uwe:
Sich selbst bejahen / Uwe Böschemeyer. – Hamburg :
Ellert & Richter, 2002
ISBN 3-8319-0035-3

© Ellert & Richter Verlag GmbH, Hamburg 2002
Dieses Werk einschließlich aller seiner Teile ist urheberrechtlich geschützt. Jede Verwertung außerhalb der engen Grenzen des Urheberrechtgesetzes ist ohne Zustimmung des Verlages unzulässig und strafbar. Dies gilt insbesondere für Vervielfältigungen, Übersetzungen, Mikroverfilmungen und die Einspeicherung und Verarbeitung in elektronischen Systemen.

Gestaltung: Büro Brückner + Partner, Bremen
Satz: KCS GmbH, Buchholz/Hamburg
Lithographie: ORC, Offset-Repro im Centrum, Hamburg
Druck: Ara-Druck GmbH + Co KG, Stuttgart
Bindung: S. R. Büge, Celle

Inhalt

Vorwort

Zu den seltsamen Dingen im Leben gehört für mich die Tatsache, daß viele Menschen sich viel zu wenig bejahen. Sich bejahen, das bedeutet: trotz mancher Mängel, Schwächen und Unfähigkeiten mit sich einverstanden zu sein, sich vertrauen und annehmen zu können, zu wissen: Es ist gut, daß es mich gibt.

Der Mangel an Selbstbejahung ist eine höchst bedauerliche Tatsache. Denn wer sich selbst zu wenig bejaht, fühlt sich nicht nur unwohl, er bejaht auch andere und anderes Leben zu wenig. Die Folgen sind bekannt. Deshalb gehört die Frage, wie man Selbstbejahung erreichen könne, zu den zentralen Fragen, mit denen sich Menschen befassen sollten.

Die Antworten, die Sie, lieber Leser, in diesem kleinen Buch finden werden, sind nicht am Schreibtisch erdacht. Sie sind aus vielen Gesprächen erwachsen, die ich seit über 35 Jahren mit solchen Menschen führe, die nach sich selbst und nach Sinn im Leben suchen. Und um es gleich vorweg zu sagen: Gutes, selbstbejahendes Leben ist möglich, auch dann, wenn die inneren und äußeren Voraussetzungen nicht besonders günstig erscheinen.

In diesem Buch ist nicht von der rasch wirksamen Hilfe zur Entwicklung von Selbstbejahung die Rede, die durch die Stabilisierung des Körpers zustande kommt, z. B. durch Sport oder „richtige“ Ernährung. Denn ich gehe davon aus, daß diese Tatsache Ihnen selbstverständlich ist.

Weite Teile dieser kleinen Schrift sind unter dem

gleichnamigen Titel in der Reihe „Ermutigende Selbsterfahrungen“ des SKV-Verlages erschienen. Der starke Zuspruch, den diese Ausgabe fand, ermutigt mich, sie noch einmal – revidiert, vertieft und ergänzt – zu veröffentlichen.

Uwe Böschemeyer

Selbstverneinung ist ein allgemeines Problem

Du magst dich nicht, sagst du.
Du traust dir zu wenig zu.
Du fühlst dich nicht wert.
Du fühlst dich unsicher und gehemmt.
Du fühlst dich manchmal sogar überflüssig.
Du sagst nicht Ja zu dir.

Wenn du so denkst, dann teilst du dieses Problem mit zahllosen Menschen und mit Menschen *jeden* Alters, *jeden* Berufs, *jeder* Gesellschaftsgruppe.

Seltsam: Da lebst du hin, du Mensch, ein Jahr ums andere, und mühst dich für dich selbst, tust vieles, um das Glück zu finden und – sagst nicht Ja zu dir, nicht dieses Ja, das eine gute Ausstrahlung hat.

Doch wenn du einen findest – und diesen Menschen gibt es auch –, der zu sich steht und sich auch mag, der gern in den Tag geht, dann geht dir auf, wie gut das sein könnte: du selbst zu sein, dich selbst zu bejahen.

Du fragst, woher es kommt, daß viele von uns sich nicht bejahen? Das kommt vor allem von den Ein-Drücken aus früheren Zeiten: Da waren Menschen, die unser Wesen verkannten, die uns führten, wohin wir nicht wollten, die nicht uns sahen, sondern sich, die uns nicht gaben, was jeder von uns braucht: das Geliebtwerden, um uns selbst lieben und bejahen zu können.

Denn jeder braucht das, vor allem als Kind: das AnWärmen, das An-Muten, das An-Erkennen, das An-Lieben durch andere. Und wer es zu wenig empfängt, hat es zunächst einmal schwer mit der Freiheit und der Liebe und der Selbstakzeptanz.

Sicher ist, daß – wie alles im Leben – auch die Selbstbejahung dem Gesetz der Polarität unterliegt und es deshalb keinen Menschen gibt, der – trotz gegenteiliger Behauptungen – ständig dieses kostbare Gefühl hätte. Es hat allerdings auch mit uns selbst zu tun, wenn wir bis jetzt nicht dazu kamen uns selbst anzunehmen. Denn *festgelegt* ist niemand durch das, was er erlebte, und schicksalhaft ist Selbstverneinung auf Dauer nicht. Denn *Menschsein heißt auch, anders zu werden, sich verändern zu können.*

Wenn ein Mensch daran leidet, sich selbst nicht bejahen zu können, so zeigt das jedenfalls, daß er sich nicht gleichgültig ist. Wie könnte er sonst das Gefühl haben, minder-wertig zu sein, wenn er nicht ahnte, wie wert-voll er ist? Denn die Tiefe seiner Selbstablehnung ist im Grunde nur eine *Spiegelung* der Tiefe seiner (ihm nicht bewußten) Selbstbejahung.

Eines ist gewiß: Wer sagt, er könne nicht Ja zu sich sagen, hat zu wenig Ein-Blick in seine eigene Seele, sieht nur auf seine *vordergründige* Realität und nicht auf seine *untergründige* Wirklichkeit. Er gleicht dem, der die Sichel des Mondes für den ganzen Mond hält. Wer sich jedoch zu wenig kennt, der liebt sich auch zu wenig. Und das, was man nicht liebt, erkennt man nicht, erfährt man nicht, zu dem hat man keinen Zugang.

Sich selbst ablehnen ist leicht

Sich ablehnen ist leicht. Sich bejahen kann schwer sein. Das „Negative" drängt sich von selbst auf, das „Positive" nicht. *Doch wenn du dein Leben verneinst, verneinst du alles, was du hast.*

Wenn du dein Leben verneinst, dann sage ich dir (verzeih die harte Rede):
Du leidest nicht genug, daß du dich so wenig kennst.
Es schmerzt dich nicht genug, daß du so wenig mit dir fühlst.
Du empörst dich nicht genug, daß *du* es bist, der dich nicht annimmt.
Du regst dich nicht genug darüber auf, daß du nicht zu dir selber durchdringst.
Du sehnst dich nicht genug nach einem anderen Leben.
Du hast dich allzu sehr daran gewöhnt, daß du nicht lebst, wie du es willst und was du kannst.

Du kennst deinen *Trotz* gegen dich selbst?
Du spürst deine *Wut*, daß du wegen deiner Minderwertigkeitsgefühle so wenig glücklich bist?
Du kennst auch dein *Selbstmitleid*?
Du läßt die *Verzweiflung* darüber zu, daß du dich unsicher, gehemmt und ängstlich durch deine Tage gehen läßt?

Wenn du es wünschst und du es willst, daß dein ursprüngliches Wesen zum Vor-Schein kommt, dann muß es in dir brennen, dann muß es dir wehtun bei dem Gedanken, daß *letztlich* du es bist, der dich verneint.

Du sagst, es seien die *Umstände,* die dich zu dem hätten werden lassen, der du heute seist? Gewiß ist vieles, was dein Leben beschwert, auf dich zugekommen, ohne daß du es wolltest. Ganz gewiß! Doch sind nicht *einige* dieser Umstände, die du als „Schuld" der anderen beklagen möchtest, von dir selbst zugelassen, geduldet, unwidersprochen hingenommen worden? Wenn das so wäre, dann könntest du sie ändern, die einen sicher nicht, die anderen wohl.

Vom Wert des Menschen

In jedem von uns gibt es lebensbejahende *Grund-Gefühle.* Diese Gefühle gehören zu unserer inneren Ausstattung, und sie bleiben in uns, solange wir leben. Oft sind sie verborgen, doch immer da, auch das Gefühl, *wert zu sein.* Darum gleicht jeder Mensch, der sich nicht wert fühlt, einer Perle im Staube. Er sieht nicht seinen eigenen Glanz. Verliert aber jemand an Wert, der diese Gefühle selber nicht kennt? „Ein Berg, in Nebel verhüllt", hat Kahlil Gibran einmal gesagt, „ist kein Hügel; eine Eiche im Regen ist keine Trauerweide."

Was wäre denn dieser Glanz?

Das Menschliche in dir, das leben will und kann: z. B. die Freiheit und die Kreativität, der Mut und die Liebe und manches andere mehr.

Du sagst, da seien doch auch andere Dinge in dir, die alles andere als sympathisch seien: z. B. die Wut und die Angst, die Feigheit und die Trägheit, das Egoistische und das Mißtrauen. Das ist bestimmt so. Doch das ist in jedem so. Das gehört auch zum Menschen. Das gehört zum Gesetz der Polarität. Und das macht dich nicht weniger sympathisch. Wichtig ist nur, diese Dinge zu kennen. Denn – seltsam genug – nur in dem Maße, in dem wir die dunklen Seiten in uns kennen, erkennen wir auch deren Gegenpole.

Du sagst auch, die Gaben seien doch unterschiedlich verteilt, und deine seien ja nicht von besonderer Art. Wonach bemißt du denn den Wert eines Menschen, also auch den eigenen?

An dem, was ein Mensch hat?
An dem, was er kann?
An dem, was er gilt?
An seiner Glückserfahrung?
An seiner Leiderfahrung?
An seinem Erfolg?

Gibt es überhaupt ein Maß zur Beurteilung eines Menschen? Gibt es etwa einen Menschen, der *autorisiert* wäre, ein solches Maß einem anderen anzulegen? Gäbe es überhaupt ein solches Maß, dann wäre es nur dieses: das, was ein Mensch selbst aus seinem Geschick und aus sich selbst gemacht hat. Doch wer wollte das an einem anderen beurteilen?

Kein Mensch ist mit einem anderen vergleichbar

Jeder weiß, daß kein Daumenabdruck einem anderen gleicht. Das ist ein körperliches Symbol für die Einzigartigkeit des Menschen. Nicht jeder weiß, daß es auch ein seelisches Symbol für seine Unverwechselbarkeit gibt. Wir finden es in „Wertorientierten Imaginationen", also auf „Wanderungen" ins Unbewußte, auf denen wir das ursprüngliche Bild eines Menschen suchen. In solchen Imaginationen sehen wir nicht nur, daß jeder Mensch weit mehr Begabungen, Fähigkeiten und Ausstrahlung hat als ihm bewußt ist –, wir sehen auch, daß kein ursprüngliches Bild einem anderen gleicht. Das bedeutet:

Kein Mensch ist einem anderen gleich.
Jeder hat seine eigene Prägung.
Jeder hat seine eigene Geschichte.
Jeder hat sein eigenes Schicksal.
Jeder hat seine eigene Verweigerung.
Jeder hat seine eigene Bejahung.
Jeder hat seinen eigenen Sinn.

Und daher gilt:
Du kannst dich mit keinem anderen vergleichen.
Du darfst dich mit keinem anderen vergleichen.
Und das bedeutet wieder:
Letztlich kann kein Mensch in seinem Wert von einem anderen beurteilt werden, weil keiner mit einem anderen vergleichbar ist.

Denk über diese Sätze nach. Nimm sie in dich auf. Laß sie in dir wirken. Nicht nur heute. Immer wieder.

Immer wieder denke ich an die Weisheit des Rabbi Sussja, von der Martin Buber, der Weise aus Jerusalem, erzählte: Vor seinem Tode habe der Rabbi Sussja gesagt, in der kommenden Welt werde man ihn nicht fragen, warum er nicht Mose gewesen, man werde ihn vielmehr fragen, warum er nicht *Sussja* gewesen sei.

Wie aber kommt man dazu, sich in seiner Einzigartigkeit zu erkennen? Dazu noch einmal Buber: „In jedermann ist etwas Kostbares, das in keinem anderen ist. Was aber an einem Menschen ‚kostbar' ist, kann er nur entdecken, wenn er

- sein *stärkstes Gefühl,*
- seinen *zentralen Wunsch,*
- das in ihm, was sein *Innerstes* bewegt,

wahrhaft erfaßt."

Es gibt Worte, die man 1000mal lesen, bedenken, durchdenken, erfühlen, mit anderen besprechen und vor allem in der Stille auf sich wirken lassen muß. Dieses Wort ist eines davon.

Jeder Mensch hat seine eigene Aufgabe

Ich bin mir selbst gegeben – und keinem anderen. Setz dich mit diesem Satz auseinander. Denk nicht nur über ihn nach. Laß ihn auf dich einwirken. Laß dieses Wort tief ins Gefühl hinein, weil es nichts Wichtigeres gibt als dieses: im Herzen zu verstehen und zu fühlen, daß dein Leben *dir* gegeben wurde.

Wenn ich beginne, das zu verstehen, fange ich an, weniger auf andere und mehr auf mich selbst zu sehen, mich weniger zu vergleichen und mehr danach zu fragen, wer *ich* bin, was *ich* kann, was *ich* will, was *ich* brauche, was *mir* vom Leben aufgegeben ist.

Und daraus folgt:

Das Leben stellt jedem Menschen „eine *eigene, besondere, unverwechselbare* Aufgabe“, wie Hermann Hesse gesagt hat, und deshalb gibt es auch nicht „eine angeborene oder vorherbestimmte Untauglichkeit zum Leben“.

Auch der Mensch, der es nicht leicht im Leben hat, kann echt und selbstbewußt leben, wenn er darauf zu sehen beginnt,

wo seine *Grenzen* sind
und seine *Möglichkeiten*
und wo der „*Ort*“ im Leben ist, zu dem er gehört.

Es ist möglich, diese Aufgabe zu finden, wenn man auf seine innere Stimme hört, auf die Stimme, die aus dem Innersten kommt, wenn man so lange auf sie hört, bis sie Antwort gibt.

Jeder Mensch, der seine eigene Aufgabe gefunden hat, strahlt etwas aus, was unverwechselbar ist – etwas Besonderes, etwas besonders Menschliches. Und diese Ausstrahlung wirkt auch auf andere attraktiv.

Ein ganz wichtiges Gespräch

Es gibt ein Gespräch, das niemand hört und kaum jemand als Gespräch erkennt. Es findet an einem Ort statt, den jeder kennt und der doch nur wenigen vertraut ist. Es findet ständig statt und bestimmt unser Dasein wie nichts anderes.

Ich denke an das Zwie-Gespräch in unserer eigenen Seele, an das Für und Wider der Gedanken und Gefühle, an das Hin und Her zwischen Zögern und Entscheiden.

Es ist das Gespräch zwischen dem *Jasager* in uns, der das Leben will und sucht, und dem *Neinsager* in uns, der sich weigert, zu hoffen und zu glauben, daß Leben geht und gut sein kann.

Studiere sie doch, diese großen Kräfte. Du mußt sie erkennen, mußt sie erfühlen, weil *sie* es sind, die dich – vom Grund her – lenken. Und frag dich vor allem, welcher von beiden du dich anvertrauen willst.

Frag dich zunächst, was in dir ist und dich ständig verneint. Hörst du den *Neinsager* in dir, der gegen dich aufbegehrt? Der seine fremden kalten Lieder von Schwäche und Kleinheit, von Schuld und Versagen immer wieder anstimmt und der immer lauter wird?

Frag dich konkret, was du an dir verneinst, und frag dich auch, ob das so stimmt.

Hör dann auf den *Jasager* in dir, der darauf wartet, daß du dich ihm zuwendest. Er kann dir sagen, was ursprünglich zu dir gehört und was darauf wartet, daß du es endlich lebst: die Freiheit und die Liebe, den Mut und das Vertrauen und alle anderen Gründe zum sinnvollen Leben.

Doch geh nicht nur nach innen, geh auch nach außen. Wer sich nicht selbst bejaht, bejaht auch die anderen nicht, erlebt die „Welt“ als Fremde und fühlt sich nicht zu Hause. Mach dir die „Welt“ zur Heimat, und du wirst sehen, wie dadurch das Ja auch zu dir *selbst* sich verstärkt. Das heißt?

Nimm Anteil am konkreten Leben, und nicht nur in Gedanken. Teile dich mit, und nicht nur in Worten. Arbeite mit an dem, was du in deiner *Umgebung* andere tun siehst. „Leben heißt, etwas Aufgegebenes erfüllen; und in dem Maße, wie wir es vermeiden, unser Leben an etwas zu setzen, entleeren wir es“, hat der Philosoph Ortega y Gasset gesagt. Und Sigmund Freud war davon überzeugt: „Menschen sind stark, solange sie eine starke Idee vertreten; sie werden ohnmächtig, wenn sie sich ihr widersetzen.“

Welche Idee oder Aufgabe das sein kann? Würdest du mich für dich danach suchen lassen, wärest du von deinem Wunsch nach Veränderung noch weit entfernt. Dann wärest du noch nicht motiviert genug, selbst etwas für dich zu tun.

Du sagst, man will dich nicht. Hörst du den *Neinsager* in dir?

Du sagst, du kannst das nicht. Hörst du ihn wieder?

Und wenn dem so wäre: Die großen Revolutionen begannen immer dann, wenn die Sonne über dem Leben von Menschen ihren Tiefpunkt erreicht hatte.

So wenig wie möglich ausweichen

Weich so wenig wie möglich aus – vor Menschen nicht, vor Aufgaben nicht, vor Glücksmöglichkeiten nicht – vor allem vor dem Neinsager in dir nicht. Denn jede freie und verantwortliche Entscheidung, die zur Tat wird, ist *gelebte* Freiheit und *gelebte* Verantwortung. Und jede gelebte Freiheit und Verantwortung ist die *Basis* für Selbstbejahung.

Um diesen zentralen Gedanken Wirklichkeit werden zu lassen, empfehle ich dir die folgende kleine, jedoch höchst wirksame „Übung“:

Vergegenwärtige dir über einen Zeitraum von 4 Wochen an jedem Abend, worin du am Tage ausgewichen bist, und mach dir darüber stichwortartige Aufzeichnungen. Ließest du dich auf diese Übung ein – sie dauert nicht länger als 10 Minuten –, würdest du schon bald sensibilisiert werden für deine möglichen „Fallen“ und allein dadurch der einen oder anderen Niederlage entgehen. Vor allem aber würde dich schon bald ein „heiliger“ Zorn darüber packen, was du dir von dir selbst ständig an Unterhöhlung deines Selbstvertrauens gefallen läßt. Wahrscheinlich würdest du daraus Konsequenzen ziehen.

Werte zu Magneten werden lassen

Ein Mensch wächst in dem Maße über sich hinaus, in dem er in sich hineinwächst. In dem Maße, in dem du denkst, fühlst, sagst und tust, was *dir* entspricht, kommst du zu dir, bist du bei dir, stehst du zu dir, entwickelst du Stehvermögen. Denn niemand ist schwächer als der nur von außen gesteuerte Mensch. Wer sich *selbst* verleugnet, verhindert, daß sich die Türen zu jenen inneren Kammern öffnen, in denen die Kräfte lagern, die stärker sind als alle äußeren Mächte. Konkret:

Schließ einmal die Augen und laß dir Einfälle zu der Frage kommen: *Was wäre, wenn ich mutiger wäre und also weniger Angst vor dem Urteil der Menschen hätte?*

Mir kommen dazu diese Einfälle: *Ich wäre weniger bekümmert. Mir wäre leichter ums Herz. Ich würde mehr wagen. Ich würde mir manchen lang ersehnten Wunsch erfüllen. Ich würde mich selbst mehr herausfordern. Ich würde leichter auf Menschen zugehen. Ich würde ihnen häufiger sagen, was ich denke. Ich hätte weniger Angst vor ihnen. Ich hätte auch weniger Angst vor dem Leben. Ich könnte leichter an die Liebe glauben. Ich würde selbst mehr lieben usw.*

Teilnehmer von Gruppen, die sich auf diese oder ähnliche Fragen einließen, haben die Erfahrung gemacht, daß bereits ein längeres Sich-Einlassen auf diese oder ähnliche Fragen zu einer vorübergehend erstaunlichen Wirkung führte. Warum? Weil spezifisch menschliche Werte wie z. B. der Mut, die Freiheit oder die Liebe eine hohe Anziehungskraft haben, sofern man sich emotional auf sie bezieht. Und warum ist das so? Weil diese Werte tief in uns verwurzelt sind, weil sie – davon war schon die Rede – zu unserer inneren Ausstattung gehören, auch wenn uns diese Tatsache selten bewußt ist.

Man kann solchen Werten auch auf andere Weise näherkommen:

Ob du noch einmal die Augen schließt?

Laß alle störenden Gedanken, so gut es geht, abfließen.

Dann schau auf deinen inneren Horizont und laß z. B. das Wort „Mut" kommen.

Trau deiner Seele zu, daß sie dir neue Gedanken und neue Gefühle zum Mut mitteilt.

Laß dir Zeit, damit sie sich zeigen und in dir wirken können (die innere Welt kennt nämlich keinen Streß).

Vielleicht zeigen sich auch Bilder. Und wenn du sie siehst, dann schau sie dir lange genug an, denn Bilder dieser Art lösen nicht nur Gefühle, sondern auch Gefühlskräfte aus.

Laß dir für diese „Übung" mindestens eine Viertelstunde Zeit.

Ich bin, was ich sage

Sprache ist Ausdruck der Seele, jedenfalls die Sprache, die Menschliches zum Aus-Druck bringt. Zugleich aber beeinflussen Worte auch die Seele. Es gibt daher Sätze, die uns niederziehen, und solche, die uns aufrichten. Zunächst einige Beispiele, auf die wir *verzichten* sollten, wenn wir lernen wollen, uns selbst zu bejahen:

Ich bin ja doch nichts wert …
Ich glaube nicht, daß ich das kann …
Dazu bin ich nicht geeignet …
Das kann ich nie …
Wenn es denn sein muß …
Ich bin nun mal ein Pechvogel …
Darüber komme ich nie hinweg …
Mir bleibt ja nichts anderes übrig als …

Sätze solcher Art stellen sich bei einem Menschen, der sich selbst verneint, von selbst ein. Er muß sie nicht rufen. Sie laufen in ihm mehr oder weniger ständig ab. Sie treiben ihn dorthin, wohin er nicht will: in eine noch tiefere Selbstablehnung. Sie sind eine ständige Selbstsuggestion und verfehlen daher im Laufe der Zeit ihre negative Wirkung nicht.

Ebenso wenig verfehlen positive Sätze ihre Wirkung nicht, die ein Mensch bewußt kommen läßt. Auch sie können zu Selbstsuggestionen werden, die allerdings eine erfreuliche Wirkung haben. Wichtig ist nur, daß sie über einen längeren Zeitraum und im vorbewußten Zustand – vergleichbar dem auf der Schwelle zwischen Schlaf und Erwachen – herbeigerufen werden, und zwar immer wieder. Einige Beispiele:

> Ich bin ich …
> Auch ich hab meine Qualitäten …
> Ich bin mit keinem anderen vergleichbar …
> Ab heute werde ich immer mehr mein Freund …
> Schluß mit der Traurigkeit!
> Kein tragisches Gebaren!
> Das werde ich schon schaffen …
> Dieses Mal wird's gutgehen …

Es gibt keine Selbstbejahung ohne Bejahung des ganzen Lebens. Zweifellos hängt die Lebensbejahung vor allem von der Selbstbejahung ab, weil aus Selbst-Sicht Welt-Sicht wird. Doch zeigt die Erfahrung, daß auch dann, wenn ein Mensch trotz seiner Selbstunsicherheit dem Leben hin und wieder zu vertrauen *wagt*, sich dieses Vertrauen auch auf ihn *selbst* auswirkt.

Was wäre denn Vertrauen ins Leben?

Vertrauen darauf, daß ich nicht verarme, daß ich nicht allein bleibe, erkranke oder frühzeitig sterbe, daß mich mein Partner nicht verläßt, daß ich vor Leid bewahrt bleibe?

Wäre das gemeint, dann hätte wohl niemand Grund zu diesem Vertrauen. Denn die Vögel der Dunkelheit ziehen ständig ihre Kreise über den Orten der Menschen und lassen sich täglich auf dem einen oder anderen Dach nieder.

Dem Leben vertrauen – das hieße vielmehr, darauf zu vertrauen,
daß ich mit dem Unglück nicht eins werde,
daß ich immer mehr bin als das, was auf mir lastet,
daß die Vögel des Lichtes immer wiederkehren und sich nicht immer von ihren dunklen Artgenossen vertreiben lassen,
daß ich von der (inneren) Wirklichkeit mehr erwarte als von der (äußeren) Realität,
daß ich mich im Leben zu Hause fühle trotz allem, was Tod im Leben ist.

Dem Leben vertrauen – das ist die im Herzen verwurzelte Hoffnung darauf, daß der Sinn-Fluß durchs Leben zieht und daß er weiterfließt, auch wenn ich ihn manchmal nicht sehe.

Dem Leben vertrauen – weniger dem Sachlichen, dem Vorder-Gründigen, dem, was wir anfassen, messen und beweisen können, dem, was wir in der Zeitung lesen, von dem man „nüchtern“ sagt, so sei nun ’mal das Leben.

Dem Leben vertrauen – mehr dem Hinter-Gründigen, dem, was nicht gleich ins Auge fällt, dem Kern, dem Wesen der Dinge, dem, wovon die Kinder wissen –, mehr den verborgenen Schätzen trauen, die nicht geleugnet werden können, nur weil man sie nicht sieht.

Jeder Mensch hat seinen eigenen Glanz

Es war einmal ein kleiner Junge, der auf einem grünen Hügel in einer Hütte lebte. Er war zwar glücklich, doch da gab es etwas, was er nicht hatte und mehr als alles andere herbeisehnte. Wenn der Tag sich neigte und die Sonne sank, saß er vor seinem Haus und schaute – weit über das Tal hinweg – hinüber zu einem anderen Haus, das für ihn schöner war als alle Häuser, die er je gesehen hatte. Es hatte goldene Fenster, die wie Diamanten leuchteten. Der Anblick verzauberte ihn so sehr, daß er sich nichts mehr wünschte, als einmal in diesem Hause wohnen zu dürfen. Und als er alt genug war, um allein auf Wanderschaft gehen zu können, beschloß er, es kennenzulernen.

An einem warmen Nachmittag machte er sich auf den Weg, und als er endlich ankam, war die Sonne schon untergegangen. Seine Enttäuschung war riesengroß, als er aus der *Nähe* sah, wonach er sich aus der *Ferne* so gesehnt hatte: Er sah gar kein Gold in den Fenstern, und das Haus seiner Träume war nur eine einfache Hütte. Und weil es schon zu spät zur Heimkehr war, behielten ihn der Mann und die Frau, die in dem Hause wohnten, über Nacht bei sich.

Riesengroß war allerdings seine Überraschung, als er am nächsten Morgen aus dem Fenster sah: Dort, woher er kam, jenseits des Tales, sah er wieder ein Haus mit goldenen Fenstern, die wie Diamanten leuchteten – so schön wie das, nach dem er sich so lange gesehnt hatte. Voll Freude lief er den Weg zurück – hin zu dem Haus, das sein *eigenes* war.

1. „Ein Berg, in Nebel verhüllt, ist kein Hügel; eine Eiche im Regen ist keine Trauerweide.“ (Gibran)
2. Wer sich selbst verneint, sollte sich bewußt machen, wie er sich selbst durch die Tage gehen läßt – und sich darüber *empören*. Denn wer sich selbst verneint, verneint alles, was er hat.
3. *Kein* Mensch ist mit einem anderen vergleichbar. Daher kann keiner einen anderen beurteilen.
4. „In *jedermann* ist etwas Kostbares, das in keinem andern ist. Was aber an einem Menschen ‚kostbar‘ ist, kann er nur entdecken, wenn er sein stärkstes Gefühl, seinen zentralen Wunsch, das in ihm, was sein Innerstes bewegt, wahrhaft erfaßt.“ (Buber)
5. Weil der Mensch nicht nur ein Individuum, sondern auch ein Gemeinschaftswesen ist, wird er nur mit sich eins, wenn er *beides* lebt. Deshalb ist die Übernahme von Aufgaben in der „Welt“ eine wichtige Voraussetzung für Selbstbejahung. Und: Jeder Mensch hat im Leben seine eigene Aufgabe.
6. Wer so wenig wie möglich ausweicht, ist so frei wie möglich.
7. Es ist wichtig, Werte zu *Magneten* werden zu lassen, z. B. den Mut, die Freiheit oder die Liebe.

8. Ich *bin*, was ich *sage*. Daher gilt: Wer ständig niederziehende Gedanken und Worte zuläßt, erliegt auf Dauer ihrer negativen Wirkung. Wer dagegen nach ermutigenden Gedanken und Worten sucht und sie findet, baut sich auf Dauer auf.
9. Es gibt keine Selbstbejahung ohne *Vertrauen* ins Leben.
10. Von zentraler Bedeutung ist, den *Neinsager* und den *Jasager* in sich kennenzulernen. Der Neinsager drängt sich von selbst auf, den Jasager muß man *suchen*.

Gedanken nehmen Einfluß auf unsere Gefühle, unsere Entscheidungen und unser Handeln. Uwe Böschemeyer zeigt Hilfen auf, die uns befähigen, so gut wie möglich mit unseren Gedanken umzugehen und negative in positive Gedanken zu verwandeln.

€ 7,50 [D]/sFr 13,90/€ 7,80 [A]
ISBN 3-8319-0032-9

Kein Mensch kann Sinn für einen anderen finden. Jeder findet ihn nur für sich selbst. Der Autor gibt in diesem Band gut verständliche Anleitungen zur Sinnfindung für das eigene Leben.

€ 7,50 [D]/sFr 13,90/€ 7,80 [A]
ISBN 3-8319-0033-7

Uwe Böschemeyer gibt in diesem Band Hilfestellungen, um die Botschaften von Träumen zu entschlüsseln.
Er beschreibt deren verschiedene Ausdrucksformen und regt dazu an, sich auf Träume einzulassen, um sie zu einer Hilfe fürs Leben werden zu lassen.

€ 7,50 [D]/sFr 13,90/€ 7,80 [A]
ISBN 3-8319-0034-5

Das Jahrbuch „Das Leben meint mich“ ist eine starke Herausforderung, Leben zu bejahen. Es ist mit Herz und Verstand in einer einfachen und emotionalen Sprache geschrieben. Der Autor bleibt jedoch nicht in Betrachtungen stehen, sondern beschreibt so konkret wie möglich, welche Wege zu Sinn und Glück möglich sind.

€ 12,90 [D]/sFr 23,70/€ 13,30 [A]
ISBN 3-8319-0016-7

Dr. Uwe Böschemeyer, Jahrgang 1939, Europäisches Zertifikat für Psychotherapie, Schüler Viktor E. Frankls, von Frankl zur Lehre und Praxis der Logotherapie autorisiert, Autor zahlreicher Bücher und anderer Veröffentlichungen, Gründer und Leiter des „Hamburger Instituts für Existenzanalyse und Logotherapie". Schwerpunkte seiner Arbeit sind neben der „existenzanalytischen Logotherapie" die von ihm begründete „Wertorientierte Persönlichkeitsbildung" sowie die von ihm entwickelte „Wertorientierte Imagination".

Anschrift des Autors:
Dr. Uwe Böschemeyer
Hamburger Institut für Existenzanalyse und Logotherapie
Barckhausenstraße 20
21335 Lüneburg
Telefon: 04131/403844
Telefax: 04131/403845
e-mail: sekretariat@boeschemeyer.de
www.logotherapie-hamburg.de

INFORMATIONEN über die Veranstaltungen des „Hamburger Instituts für Existenzanalyse und Logotherapie" und weitere Literatur von Uwe Böschemeyer sind im Sekretariat erhältlich.